AF358280

VICTOR GAY

1820 — 1887

VICTOR GAY

VICTOR GAY

ictor Gay vient de mourir après une longue et douloureuse maladie ; il laisse inachevé son *Glossaire du Moyen-Age et de la Renaissance*, un des monuments les plus considérables de l'érudition contemporaine.

C'était une figure de l'ancien temps ; comme Montaigne, il pouvait dire : « Mon monde est failly, je suis tout du passé. » La tête énergique et pensive, la longue chevelure romantique, l'allure robuste et carrée gardaient je ne sais quelle empreinte éloignée des vieux maîtres du Moyen-Age ; il avait leur sens droit et ferme, leur patience indomptable au travail, leur foi vigoureuse. A le voir parmi ses livres ou dans son atelier, maniant tour à tour la plume ou le marteau, on songeait au moine Théophile.

J'ai rendu compte jadis [1] des premiers fascicules du *Glossaire;* à cette occasion il m'adressa l'histoire de sa vie, une vie simple, silencieuse et vouée au travail, « cette autre maladie dont il désespérait de jamais guérir ». « Soyez sobre de renseignements, me disait-il : j'ai toujours peu aimé à faire parler de moi ; c'est une habitude de famille. J'aimerais que l'auteur s'effaçât derrière son ouvrage. »

Il était né à Paris en 1820 ; il fit ses études au collège Saint-Louis avec son frère aîné, qui devint plus tard évêque d'Anthédon et l'auxiliaire du cardinal Pie. Au sortir du collège, sa vocation était décidée : à dix-neuf ans,

1. *Gazette des Beaux-Arts*, Janvier 1884.

il suivait déjà les cours d'archéologie française professés d'abord par Alexandre Lenoir, puis par son fils Albert et par Didron aîné.

« *En même temps, dit-il, j'étudiais l'architecture chez Piel, qui m'a laissé pour suivre à Rome le Père Lacordaire, lorsqu'il songea à rétablir l'ordre des Dominicains en France ; je suis alors entré et resté trois ans dans l'atelier Labrouste. Je l'ai quitté pour travailler avec Verdier à la monographie de la cathédrale de Chartres. Nous avons fait ensemble, en deux saisons d'été, les plans, coupes et la façade méridionale. Après avoir terminé cette besogne, nous nous sommes, avec Boeswilwald, Verdier, Gaucherel, Abadie, l'architecte du Sacré-Cœur, et Viollet-le-Duc, enfermés pendant un mois chez Lassus pour préparer le projet de restauration de Notre-Dame auquel Viollet-le-Duc est resté attaché pendant trente ans.*

« *En 1848, j'ai été nommé architecte diocésain de Bourges J'ai rempli ces fonctions trois* ans sans mettre à mon actif aucun important travail, vu l'insuffisance des allocations. Ma santé m'a alors obligé à résigner cet emploi et, en face d'une liberté intermittente, je suis allé chez un orfèvre pour m'initier à la pratique de son art. J'ai fait venir un ciseleur pour me donner des leçons et, pendant plusieurs années, j'ai fait des travaux chimiques relatifs à la préparation des émaux. Une fois au courant de la technique des arts du métal, j'ai cherché à utiliser ces connaissances et j'ai conçu la première idée de mon Glossaire, laquelle remonte à vingt-cinq ans environ.

« De 1840 à 1880, j'ai dessiné un peu partout des monuments du Moyen-Age.

« Vers 1844, j'ai collaboré aux Annales archéologiques de Didron, en y publiant une série d'articles, avec planches, sur les vêtements sacerdotaux. Vers 1845 ou 46, j'ai également publié quelques articles dans l'Encyclopédie nouvelle; le plus important est l'Art byzantin.

« *Depuis que je m'occupe de mon* Glossaire, *je n'ai avec intention publié absolument rien que quelques dessins dans le* Moyen-Age *et la* Renaissance.

« *Les matériaux du* Glossaire *sont, comme vous l'avez vu, pris un peu partout ; mais la source la plus abondante d'informations a été pour moi la longue série des* Comptes *de l'argenterie, conservée aux* Archives *et que j'ai dépouillée entièrement. J'ai trouvé au département des manuscrits de la Bibliothèque un certain nombre d'autres comptes et des inventaires que je crois avoir* tous lus.

« *Je dois à l'obligeance de l'abbé Dehaisnes, archiviste honoraire de Lille, la communication du dépouillement des archives de Douai ; un travail analogue pour celles du Pas-de-Calais m'a été communiqué par l'ancien archiviste, J. M. Richard, que je cite souvent.*

« *J'ai un peu fureté dans d'autres dépôts, Lille, Limoges, la Rochelle, mais accidentellement.*

« *L'origine de ma collection est fort ancienne ;
elle remonte à 1845 environ. Pendant les travaux de dragage de la Seine, j'ai acheté à For-
geais beaucoup d'objets de toute sorte et surtout
des plombs historiés. J'ai recueilli à sa mort ce
qu'il y avait de plus intéressant dans ses séries,
en dehors de celle qui est à Cluny et d'une autre
achetée par la Ville et détruite dans les incen-
dies de la Commune.*

« *J'ai également recueilli presque tous les
débris intéressants de bronze qu'avait amassés
M*^{me} *Fèvre, de Mâcon. Le surplus est entré chez
moi pièce à pièce à des dates correspondant aux
notes du Glossaire et avec l'idée qu'il y trou-
verait sa place.* »

Organisée spécialement en vue du *Glossaire*,
la collection avait un caractère très personnel.
L'amateur cherchait de préférence la menue
curiosité, pourvu qu'elle eût un sens historique,
le fragment, le débris significatif, le renseigne-
ment, la note ; il s'accommodait des miettes,

laissant aux grands seigneurs la table luxueuse
et les régals de prince. Commencée sans tapage
et continuée sans relâche, la collection ne tarda
pas à se faire une place exceptionnelle dans la
curiosité parisienne.

A ce premier bagage, l'intrépide chercheur
joignait un recueil incomparable de plus de
deux mille dessins et de trente mille textes.

Le moment était venu de mettre au jour cette
provision de matériaux et d'en faire profiter le
public. Dans la pensée du savant archéologue,
son *Glossaire* devait être un répertoire alpha-
bétique de documents et de monuments origi-
naux, une sorte de du Cange illustré. Donner au
public un dictionnaire où chaque article présen-
terait à la fois l'image du monument et les textes
contemporains, images et textes s'expliquant et
se prouvant l'un par l'autre ; ajouter un com-
mentaire sobre, substantiel, ne disant que juste
le nécessaire ; en un mot, disparaître autant que
possible pour laisser le passé lui-même raconter
son histoire ; tel était le programme arrêté de-

puis de longues années[1] ; il s'agissait de le mettre en œuvre.

Mais une publication de cette envergure exigeait une mise de fonds assez considérable. L'auteur était un nouveau venu, étranger aux questions de librairie ; il eut quelque peine à trouver un éditeur. Enfin, après de longues recherches et des négociations laborieuses, le premier fascicule du *Glossaire* parut (1882).

Du premier coup, le public intelligent, l'historien, l'archéologue, l'amateur, l'artiste, chacun comprit qu'il avait affaire à un maître. Cette érudition saine, généreuse, maitresse d'elle-même, s'appuyant d'une part sur des textes abondants puisés aux sources les plus sûres, de l'autre sur les dessins mêmes de l'auteur recueillis dans sa propre collection ou dans les collections les plus autorisées, s'imposait avec un accent de sincérité irrésistible. Du jour au lendemain, l'inconnu de la veille

1. *Gazette des Beaux-Arts*, ibid.

devenait célèbre ; son livre prenait le premier rang parmi les classiques de l'archéologie.

Victor Gay est l'homme fort de Quintilien, *homo unius libri*, l'homme d'un seul livre. Architecte nourri à la grande école de Lassus et de Viollet-le-Duc, érudit dépouillant les vieux textes des archives et des bibliothèques, amateur recueillant jour par jour les monuments témoins du passé, orfèvre-émailleur rompu à toutes les difficultés du métier, dessinateur d'une précision peu commune, il a mis ces facultés diverses au service exclusif de son *Glossaire*. Quel monument homogène et solide ne devait pas produire cette communauté d'efforts dirigés vers un seul but, par une volonté tenace et patiente !

Je m'étais chargé de revoir les épreuves, de donner ce qu'il appelait *le coup de brosse*. Gay n'avait pas l'habitude d'écrire pour le public, surtout pour le public d'un dictionnaire, qui lit rapidement et n'aime que les commentaires brefs, clairs et précis. Chez lui, l'érudition dé-

bordante enveloppait souvent la pensée ; il fal-
lait élaguer, pratiquer des jours, dégager la
doctrine sans la dénaturer. Tâche périlleuse,
car, malgré tous ses ménagements, le *brosseur
littéraire* ne pouvait s'empêcher à l'occasion
d'empiéter sur les plates-bandes du savant. Mais,
si ce dernier défendait son opinion de pied
ferme, son siège n'était jamais fait ; il acceptait
volontiers la controverse, et l'encourageait au
besoin avec une indulgence qui désarmait tous
mes scrupules. « Jusqu'au jour néfaste, m'écri-
vait-il, où pour le malheur du public et le mien,
vous crierez merci, je vous enverrai des épreuves
au risque d'abuser de votre obligeance dont je
me trouve si réconforté. » L'année suivante, à
propos d'une de ses notices que j'avais remaniée,
il m'écrivait encore : « Non content de me cor-
riger, vous me refaites des articles. Je n'aurais
pas osé vous demander un travail qui frise la
collaboration ; mais, puisque vous me l'offrez,
je suis très heureux d'en recueillir le profit. »
Si je me permets de citer ces lignes, c'est

qu'elles montrent quel était l'homme, le savant et l'ami. En dehors d'un petit cercle, très étroit, Gay était peu connu. Habitué à marcher droit devant lui, il s'orientait malaisément sur ce terrain mouvant de la curiosité parisienne où son titre et ses goûts de collectionneur l'avaient entraîné un peu malgré lui. Sa santé toujours incertaine, ses recherches de bénédictin, une certaine timidité naturelle, l'éloignaient du monde ; il était *nourri parmi les morts*, comme dit un ancien, et *s'effarouchait facilement du bruit des vivants*. Il se livrait peu et ne se laissait pas pénétrer tout d'abord ; mais, une fois la porte ouverte, il se donnait loyalement et sans réserve.

Depuis longtemps, il sentait les atteintes du mal qui devait l'emporter un jour. En 1881, à la suite d'une première crise, il avait dû suspendre son travail ; bientôt les crises se succédèrent, amenant des interruptions nouvelles. Mais l'infatigable travailleur utilisait les moindres quarts d'heure de grâce. Miné par la fièvre,

il s'acharnait à son livre ; il lui avait donné
toute son âme, toute sa conscience, toute sa
vie ; après quarante ans de labeur, il touchait
enfin le but, les quatre premières livraisons du
Glossaire avaient paru : « J'userai, me disait-il,
mes dernières forces à son achèvement. » Hélas !
ces forces, ruinées par le travail et la souffrance,
s'émiettaient avec une effrayante rapidité. Reti-
ré à la Barde[1], sans espoir de pouvoir rentrer
à Paris, il eut encore l'énergie de terminer la
cinquième livraison, c'est-à-dire à peu près la
moitié du *Glossaire*, dont la seconde partie
verra bientôt le jour. Il m'écrivait alors : « Je
vis au jour le jour et bien tristement ; voilà près
de trois semaines que je n'ai pas écrit une seule
ligne... Les heures de souffrance sont bien longues pour moi et celles que je puis consacrer
au travail de plus en plus courtes. » Car il a
voulu travailler jusqu'à la fin. Dans son lit qu'il
ne devait plus quitter, il rédigeait ses notices,

1. Dordogne.

corrigeait les épreuves et, quand sa main fut im-
puissante à tenir la plume, il dictait à sa fille
ses dernières pages de copie.

C'est ainsi qu'il est mort le 12 décembre dernier, l'œil et l'esprit ouverts, sans la consolation
suprême de compléter son œuvre et d'achever
sa gloire, mais calme et résigné, avec la conscience de l'honnête homme et la foi sereine du
chrétien.

EDMOND BONNAFFÉ.

Février 1888.

PARIS. — IMPRIMERIE DE L'ART

E. Ménard et Cie, 41, rue de la Victoire.